Peter Schäl

Semantisches Clustering durch ein web-mining-basiertes Verfahren zur Gruppierung von Begriffen

GRIN - Verlag für akademische Texte

Der GRIN Verlag mit Sitz in München hat sich seit der Gründung im Jahr 1998 auf die
Veröffentlichung akademischer Texte spezialisiert.

Die Verlagswebseite www.grin.com ist für Studenten, Hochschullehrer und andere Akade-
miker die ideale Plattform, ihre Fachtexte, Studienarbeiten, Abschlussarbeiten oder Disser-
tationen einem breiten Publikum zu präsentieren.

Dokument Nr. V149111 aus dem GRIN Verlagsprogramm

Peter Schäl

Semantisches Clustering durch ein web-mining-basiertes Verfahren zur Gruppierung von Begriffen

GRIN Verlag

Bibliografische Information der Deutschen Nationalbibliothek: Die Deutsche Bibliothek verzeichnet diese Publikation in der Deutschen Nationalbibliografie; detaillierte bibliografische Daten sind im Internet über http://dnb.d-nb.de/ abrufbar.

1. Auflage 2009
Copyright © 2009 GRIN Verlag
http://www.grin.com/
Druck und Bindung: Books on Demand GmbH, Norderstedt Germany
ISBN 978-3-640-60358-9

UNIVERSITÄT PADERBORN
Die Universität der Informationsgesellschaft
Fakultät für Elektrotechnik, Informatik und Mathematik

Bachelor's Thesis

Semantisches Clustering durch ein web-mining-basiertes Verfahren zur Gruppierung von Begriffen

Peter Schäl

Paderborn, den 18.08.2009

Kurzfassung

Beim Card-Sorting-Experiment werden Begriffe in Gruppen eingeteilt. Für dieses Clustering der Begriffe werden Versuchspersonen benötigt. Diese Arbeit schlägt ein Verfahren vor, welches Begriffe nach ihrer semantischen Ähnlichkeit automatisch gruppiert. Hierdurch soll ein ähnliches Ergebnis wie bei einem Card-Sorting-Experiment erreicht werden.

Das Verfahren bezieht dabei Worthäufigkeiten aus dem Web, um anschließend aus den Häufigkeiten die Beziehungsstärken der Begriffe mittels Assoziationsmaße zu berechnen. Aus den berechneten Beziehungsstärken wird ein Graph generiert. Auf diesen Graphen erfolgt ein Clustering, durch das die Gruppen gebildet werden.

In der Arbeit werden verschiedene Assoziationsmaße und Datengrundlagen verwendet und die Qualität ihrer Ergebnisse miteinander verglichen. Durch die Berechnung der Ähnlichkeit von Begriffsvektoren, soll ein besseres Ergebnis erreicht werden. Zur Evaluation werden die Gruppierungen des Verfahrens denen eines Card-Sorting-Experimentes gegenübergestellt. Die Evaluationsergebnisse zeigen, das durch das Verfahren ähnliche Gruppierungen, wie die bei einem Card-Sorting-Experiment, erreicht werden können. Dabei spielt das gewählte Assoziationsmaß, sowie die Datengrundlage eine wichtige Rolle.

Inhaltsverzeichnis

1 Einleitung

In einem Supermarkt werden ähnliche Produkte in die selben Regale einsortiert: die Birnen liegen bei den Äpfeln, das Salz bei dem Pfeffer, das Brot bei den Brötchen. Diese Ordnung, die durch die Gruppierung von ähnlichen Produkten entsteht, erleichtert es dem Kunden sich intuitiv zurechtzufinden.

Dieses gilt auch bei dem Entwurf von Navigationsmenüs (z.B. eines Anwendungsprogramms). Eine Gruppierung ähnlicher Navigationselemente, erleichtert uns die Bedienung. Um eine Gruppierung der Navigationselemente, die den Erwartungen der Nutzer entspricht, zu erhalten, wird zum Beispiel das Card-Sorting-Experiment eingesetzt.

[Marx, 2009] setzte diese Methode ein, um die Informationsfindung auf einer »*Social Bookmarking-Plattform*« zu verbessern. Dazu gruppierte er Schlagworte – so genannte »*Tags*« – die zur Indexierung von Dokumenten dienen, mit Hilfe der Analysemethoden des Card-Sortings.

Das Problem bei dem Card-Sorting-Experiment oder ähnlichen Verfahren, deren Ziel es ist eine Gruppierung von Begriffen zu erhalten, ist die Notwendigkeit von Personen, die die Begriffe manuell in Gruppen einsortieren. Zudem lässt sich ein Ergebnis erst ableiten, wenn genügend Sortierungen vorgenommen wurden.

In der vorliegenden Arbeit wird ein Verfahren vorgestellt, das Begriffe automatisch nach ihrer semantischen Ähnlichkeit in Gruppen einteilt. Dabei sollen ähnliche Ergebnisse erzielt werden, wie die bei einem Card-Sorting-Experiment. Um die Begriffe gruppieren zu können, muss das Verfahren die unterschiedlichen Beziehungsstärken zwischen den Begriffen berechnen. Es existieren verschiedene Berechnungsmethoden, deren Ergebnisse miteinander verglichen werden sollen. Bei der Berechnung entstehen Begriffsvektoren. Es soll gezeigt werden, dass durch die Berechnung der Ähnlichkeit der Begriffsvektoren, ein besseres Ergebnis erzielt werden kann. Die Berechnung der Beziehungsstärke findet auf Grundlage von statistischen Beziehungen zwischen Wörtern in Texten statt. Daher wird bei der Berechnung eine Datengrundlage mit Texten benötigt. Hier soll gezeigt werden, dass der Abstand der Wörter innerhalb des Textes, bei der Gruppierung der Begriffe eine wichtige Rolle spielt. Als Datengrundlage soll das Web dienen, welches genügend frei zur Verfügung stehende Texte für die Analyse bereitstellt. Durch Verwendung mehrerer Datengrundlagen soll überprüft werden, wie stark die Qualität der Gruppierung von der Datenbasis abhängt.

Die Arbeit ist wie folgt gegliedert:
Kapitel 2 erklärt die Grundlagen die für die Berechnung der Beziehungsstärken notwendig sind. Hier werden Berechnungsmethoden und Datengrundlagen vorgestellt. In Kapitel 3 wird das Verfahren vorgestellt. Das Kapitel 4 geht auf die Implementierung des Verfahrens ein. In Kapitel 5 erfolgt die Evaluation des Verfahrens, wobei die Ergebnisse eines Card-Sorting-Experimentes den Ergebnissen des Verfahrens gegenübergestellt werden. Das Kapitel 6 fasst die Ergebnisse der Arbeit zusammen und gibt einen Ausblick.

2 Grundlagen

2.1 Was sind Assoziationen?

Assoziationen können als Verknüpfungen von psychischen Inhalten (z.B.: Verknüpfungen von Gedächtniselementen) verstanden werden [Schütz, 2005]. Diese Verknüpfungen entstehen, nach der klassischen Assoziationstheorie, zwischen wahrgenommenen Ereignissen, die in unmittelbar zeitlicher Nähe zueinander aufgetreten sind. Das Bilden dieser Verknüpfungen wird in der assoziativen Lerntheorie auch als Lernprozess bezeichnet [Wettler, 2004]. In Bezug auf Wortassoziationen lässt sich, nach [Rapp, 1992] aus dem Assoziationsgesetz ableiten, dass diejenigen Wörter hohe Assoziationsstärken aufweisen, die in rezipierter Sprache häufig in dichter zeitlicher Aufeinanderfolge auftreten. So werden zum Beispiel *Hund* und *Katze* eine stärkere Assoziation hervorrufen, als *Hund* und *Kirsche*, da erstere häufiger zusammen genannt werden.

Beim Entwurf von Benutzeroberflächen spielen Assoziationen eine wesentliche Rolle. Ein Menü sollte so aufgebaut sein, dass die Hauptmenüpunkte stark mit den darunter liegenden Menüpunkten assoziiert werden, damit eine leichte und intuitive Benutzung möglich ist. Um diese Anordnung der Menüpunkte zu erhalten, wird im »*Usability Engineering*« unter anderen das *Card-Sorting-Experiment* eingesetzt (vgl. [Vdovkin, 2008]).

Card-Sorting-Experiment
Beim Card-Sorting-Experiment soll eine Menge von Begriffen von einer Versuchsperson in sinnvolle Gruppen eingeteilt werden. Das Experiment wird mit mehreren Versuchspersonen wiederholt. Zum Schluss wird ausgewertet wie häufig welcher Begriff in welcher Gruppe aufgetaucht ist. Daraus kann nun berechnet werden, welche Gruppe am zutreffendsten für den jeweiligen Begriff ist (vgl. [Maurer und Warfel, 2004]). Gruppiert werden von den Versuchspersonen die Begriffe, die die höchsten Assoziationsstärken untereinander aufweisen.
Nehmen wir als Beispiel die Begriffe: *Hund*, *Katze*, *Kirsche*, *Zitrone*. Das erwartete Ergebnis wäre, dass *Hund*, *Katze* und *Kirsche*, *Zitrone* zusammen gruppiert werden, da die Begriffe jeweils untereinander die größte Assoziationsstärke hervorrufen. Diese Assoziationsstärke, auf der die Gruppierung beruht, kann anhand von Worthäufigkeiten in Texten berechnet werden.

2.2 Berechnung von Assoziationen

Assoziationen können aufgrund statistischer Beziehungen zwischen Wörtern in Texten berechnet werden. Dies ist aus zwei Gründen möglich: Zum einen, weil die Assoziationen zwischen Wörtern aufgrund der Häufigkeit ihres gemeinsamen Auftretens in der Sprache gelernt wurden (siehe 2.1). Zum anderen weil »die Wahrscheinlichkeiten, dass Wörter in naher zeitlicher Aufeinanderfolge geäußert werden, von den Assoziationen des Sprechers bzw. des Autors abhängen« [Wettler, 2004].

Das gemeinsame Auftreten von Wörtern in Texten wird *Kookkurrenz* genannt. [Heyer et al., 2006] definierte Kookkurrenz wie folgt: »das gemeinsame Auftreten zweier Wortformen in einem definierten Textabschnitt [...] heißt Kookkurrenz«. Es gibt verschiedene Möglichkeiten diese Textabschnitte zu definieren, z.B. als *Satz*, *Dokument* oder als ein *Fenster* fester Größe. Daher wird auch von Dokument-, Satz- oder fensterbasierten Kookkurrenzen gesprochen.

Durch das Zählen von Kookkurrenzen und der Häufigkeit der einzelnen Wörter, kann nun die Assoziationsstärke zwischen Wörtern mittels eines *Assoziationsmaßes* berechnet werden. Es gibt verschiedene Assoziationsmaße: *Mutual Information, Log-Likelihood, Poisson-Verteilung, Tanimoto-Maß, Dice-Koeffizient* (vgl. [Heyer et al., 2006], S. 213) oder auch statistische Verfahren wie der *chi-Quadrat-Test*, ein Standarttest zur Messung der Unabhängigkeit von Ereignissen (vgl. [Manning und Schütze, 1999], Kapitel 5.3).

Im Nachfolgenden werden die drei Assoziationsmaße *Mutual Information, Log-Likelihood* und ein Maß, dass auf den psychologischen Lerngesetzen beruht im Detail erklärt, um die Zusammenhänge zwischen den Häufigkeiten und der Berechnung näher zu erläutern.

2.2.1 Mutual Information

[Church und Hanks, 1989] waren eine der ersten Forscher die sich Kookkurrenzen zur Berechnung von Assoziationen zu nutzen machten. Ihre Berechnungen der Wortassoziationen basierten auf der aus der Informationstheorie bekannten »*mutual information*« (deutsch: Transinformation), die wie folgt definiert ist [Fano, 1961]:

$$I(x,y) \equiv \log_2 \frac{P(x,y)}{P(x)P(y)} \tag{2.1}$$

wobei

P(x,y) = Wahrscheinlichkeit das x und y gemeinsam auftauchen
P(x) = Wahrscheinlich das x auftaucht

P(y) = Wahrscheinlich das y auftaucht

[Church und Hanks, 1989] berechneten die Wahrscheinlichkeiten der Wörter anhand der Häufigkeit des Auftretens bzw. gemeinsamen Auftretens und normalisierten diese Werte mithilfe der Korpusgröße. Dadurch ergibt sich folgende Formel zur Berechnung der Assoziationsstärke (vgl. [Heyer et al., 2006], S. 213) :

$$sig_{MI}(t_i, t_j) = \log_2 \frac{k * k_{ij}}{k_i * k_j} \qquad (2.2)$$

es gilt:

k = Korpusgröße (Anzahl der Sätze insgesamt)
k_{ij} = Anzahl der Sätze, in denen die Wörter t_i und t_j gemeinsam vorkommen
k_i = Anzahl der Sätze, in denen t_i vorkommt
k_j = Anzahl der Sätze, in denen t_j vorkommt

Ein Problem dieser Formel ist, dass seltene Ereignisse gegenüber Häufigen bevorzugt werden [Dunning, 1993], was im folgenden Beispiel näher erläutert wird: Angenommen zwei Wörter treten nur gemeinsam auf und das insgesamt in 10 Sätzen. So wäre $H(i) = H(j) = H(i, j) = 10$. Weiterhin nehmen wir an, dass die Korpusgröße 1000 Sätze beträgt. Die berechnete Assoziationsstärke wäre somit $\frac{1000*10}{10*10} = 100$. Nun nehmen wir an, die beiden Wörter kommen in 100 Sätzen gemeinsam vor. So wäre $H(i) = H(j) = H(i, j) = 100$ und die Assoziationsstärke nur noch $\frac{1000*100}{100*100} = 10$. Dieses bedeutet, dass die berechnete Assoziationsstärke um das 10-fache schwächer bewertet wurde als die Vorherige, obwohl das Verhältnis der Häufigkeiten untereinander gleich geblieben ist.

2.2.2 Log-Likelihood-Ratio Test

Ein Problem bei den vorhergenannten Assoziationsmaßen, wie *Mutual Information* oder dem *chi-Quadrat-Test*, ist es die Signifikanz seltener Ereignisse korrekt zu erfassen. Bei diesen Maßen werden seltene Ereignisse gegenüber Häufigen bevorzugt [Dunning, 1993]. Zur Lösung dieses Problems schlug [Dunning, 1993] den *Log-Likelihood-Ratio Test* als Assoziationsmaß vor. Hierbei handelt es sich um einen statistischen Signifikanztest, der sich wie folgt berechnen lässt [Heyer et al., 2006]:

$$
\begin{aligned}
sig_{LLR}(t_i, t_j) = {} & k * \log_2(k) - k_i * \log_2(k_i) - k_j * \log_2(k_j) \\
& + k_{ij} * \log_2(k_{ij}) + (k - k_i - k_j + k_{ij}) * \log_2(k - k_i - k_j + k_{ij}) \\
& + (k_i - k_{ij}) * \log_2(k_i - k_{ij}) + (k_j - k_{ij}) * \log_2(k_j - k_{ij}) \\
& - (k - k_i) * \log_2(k - k_i) - (k - k_j) * \log_2(k - k_j)
\end{aligned} \qquad (2.3)
$$

es gilt:

k = Korpusgröße (Anzahl der Sätze insgesamt)
k_{ij} = Anzahl der Sätze, in denen die Wörter t_i und t_j gemeinsam vorkommen
k_i = Anzahl der Sätze, in denen t_i vorkommt
k_j = Anzahl der Sätze, in denen t_j vorkommt

Der Log-Likelihood-Ratio Test ist besonders in der Korpuslinguistik beliebt, da er Ereignisse mit geringer Häufigkeit ebenso bei der Gewichtung berücksichtigt, wie das häufige Auftreten von Ereignissen. Dies ist besonders bei niedrigen Korpushäufigkeiten, auch » *sparse-data-problem* « genannt, von großer Bedeutung, da hier ein besserer Vergleich der Signifikanz zwischen häufigen und seltenen Wörtern ermöglicht wird (vgl. [Manning und Schütze, 1999]).

2.2.3 Assoziationsmaß nach psychologischen Lerngesetzen

[Wettler et al., 1993] stellten eine Formel zur Berechnung von freien Assoziationen vor, die sich nach den psychologischen Lerngesetzen rechtfertigen ließ.
Durch diese Formel konnten »sich bei Versuchspersonen gefundenen freien Wortassoziationen allein auf der Grundlage des Assoziationsgesetzes in guter Näherung vorhersagen lassen« [Rapp, 1996].
Diese *psychologische Assoziationsformel* wurde wie folgt definiert [Wettler et al., 1993]:

$$\tilde{A}_{i,j} = \frac{H(i\&j)}{H(j)^\alpha} \tag{2.4}$$

es gilt:

$\tilde{A}_{i,j}$ = Assoziationsstärke zwischen den Wörtern i und j
$H(i\&j)$ = Häufigkeit des gemeinsamen Auftretens der Wörter i und j
$H(j)$ = Häufigkeit des Wortes j

Der Parameter α wurde von [Rapp, 1996] auf 0,68 festgelegt, da hier die besten Ergebnisse erzielt wurden.
Eines der Schwächen dieser Formel ist, das Schätzfehler bei seltenen Wörtern starke Auswirkungen auf die berechneten Assoziationsstärken haben, da $H(j)$ im Nenner steht [Rapp, 1996].

Insgesamt zeigt sich, das sich die Assoziationsstärken auf unterschiedliche Weise berechnen lassen. Die Ergebnisse der berechneten Assoziationsstärken könnten als eine *Begriff-Begriff-Matrix* betrachtet werden.
Auf Grundlage dieser Matrix, können Ähnlichkeiten zwischen Begriffsvektoren durch

Ähnlichkeitsmaße berechnet werden, wie es beim » *Term-Clustering* « , das aus dem Bereich des Information Retrieval stammt, üblich ist (vgl. [Heyer et al., 2006]). [Rapp, 1999] verwendete ein Ähnlichkeitsmaß auf zuvor berechnete Assoziationsstärken, um die Ähnlichkeiten zwischen deutschen Wörtern und ihren englischen Übersetzungen zu bestimmen.

2.3 Berechnung der Ähnlichkeit

Die Berechnung der Ähnlichkeit erfolgt auf den Ergebnissen der Assoziationsberechnung. Dabei können verschiedene Ähnlichkeitsmaße verwendet werden, wie: *Euklidische Distanz, Skalarprodukt, Cosinus-Maß* (vgl. [Manning und Schütze, 1999]) oder die *City-Block-Metrik* (auch *Manhattan-Metrik* genannt). Bei diesen Maßen werden die Assoziationsstärken als eine Begriff-Begriff-Matrix betrachtet, wobei die Ähnlichkeit zweier Terme aus der *Distanz der Vektoren* berechnet wird.

Nachfolgend wird die *City-Block-Metrik* im Detail erklärt, um beispielhaft zu verdeutlichen wie ein Ähnlichkeitsmaß berechnet werden kann. Die Distanz zwischen zwei Vektoren X und Y wird bei diesem Maß aus der Summe der absoluten Differenzen ihrer Einzelkoordinaten errechnet. Die von Minkowski im 19. Jahrhundert definierte Metrik, errechnet sich wie folgt (vgl. [Rapp, 1999]):

$$dist(\vec{X}, \vec{Y}) = \sum_{i=1}^{n} |X_i - Y_i| \qquad (2.5)$$

Distanzwerte lassen sich wie folgt in Ähnlichkeitswerte umrechnen [Heyer et al., 2006]:

$$sim(\vec{X}, \vec{Y}) = \frac{1}{dist(\vec{X}, \vec{Y}) + 1} \qquad (2.6)$$

Zur Berechnung der Assoziationsstärke wird eine ausreichend große und solide Datengrundlage mit Texten benötigt, anhand derer die Häufigkeiten der Wörter ausgelesen werden. Diese Datengrundlage wird als *Textkorpus* bezeichnet.

2.4 Textkorpus

Ein Textkorpus ist eine systematische Sammlung von Texten oder Textteilen, die nach bestimmten Kriterien ausgewählt wurden, und dient als Datengrundlage für Sprachanalysen. Die Kriterien variieren je nach Art der Analyse. Ein Textkorpus das zum Beispiel die Jugendsprache analysiert, beinhaltet andere Texte wie eines das die allgemeine Gegenwartssprache analysiert. Wichtige Kenngrößen eines Korpus sind seine *Größe* und *Inhalt*, sowie dessen *Beständigkeit* und *Repräsentativität*. Bei der Zusammenstellung werden unterschiedliche Texttypen wie Zeitungsartikel, Romane aber auch E-Mails oder mündliche Äußerungen verwendet [Scherer, 2006].

Das bekannteste Textkorpus ist das »*British National Corpus*«[1] mit 100 Millionen Textwörtern. Ein in seiner Qualität ebenbürtiges deutsches Korpus ist das »*Digitale Wörterbuch der deutschen Sprache des 20. Jahrhunderts (DWDS)* «[2].
Ein wesentlicher Vorteil dieser Korpora ist, dass sie unter kontrollierten Bedingungen zusammengestellt wurden und somit eine *valide* Datengrundlage bilden. Die Verwendung eines unkontrollierten Textkorpus, dessen Zusammensetzung unbekannt ist, könnte zu verzerrten und nicht repräsentativen Ergebnissen bei der Zählung von Kookkurrenzen führen und somit die Berechnung der Assoziationsstärken negativ beeinflussen.

Bei der Verwendung dieser o.g. Korpora ergeben sich einige Nachteile. Die Größe ist durch den Speicheraufwand begrenzt und die Texte unterliegen meist rechtlichen Eingeschränkungen. Zudem ist das Korpus schon direkt nach dem Erscheinen nicht mehr aktuell, wie das folgende Beispiel zeigt: Angenommen wir untersuchen die Assoziationsstärke zwischen *Wirtschaftskrise* und *Immobilien*. Bei der Verwendung eines Korpus, das *vor* Ausbruch der Finanzkrise erstellt worden wäre, würde eine Analyse nur eine schwache bis keine Assoziation der Wörter zeigen, da sie fast nie gemeinsam auftreten. Dagegen würde bei einem Korpus das kurz *nach* Ausbruch der Finanzkrise erstellt worden wäre, die Analyse eine viel stärke Assoziation der Wörtern zeigen, da erst durch das aktuelle Ereignis die beiden Begriffe im Zusammenhang genannt werden.
Eine Textquelle, die diese genannten Nachteile nicht besitzt, ist das *Web*.

Web als Korpus

Das Web bietet einen enorm großen Datenbestand, der stetig wächst. Es ist frei und jederzeit verfügbar, sowie stets aktuell. In der Computerlinguistik wird bereits das Web in verschiedenen Bereichen genutzt, z.B. zur Erstellung mehrsprachiger Wörterbücher für Übersetzungen (vgl. [Cheng et al., 2004]), für Text-Klassifizierungen (vgl. [Huang et al., 2004]) oder zum Lösen von Mehrdeutigkeiten (vgl. [Turney, 2004]).
[Fletcher, 2004] bezeichnete das Web als »a selfrenewing linguistic resource [offering] a freshness and topicality unmatched by fixed corpora «.
Zudem ist das Web sehr vielseitig durch die Vielschichtigkeit der Nutzer. Durch das Web können auch seltene Wörter oder sprachliche Phänomene erforscht werden, die kaum oder gar nicht in der Literatur auftauchen. Dazu schrieb [Fletcher, 2004] »When analyzing relatively rare features of a language, the Web is an inexhaustible resource«.

Das Web ist, im Gegensatz zu einem festen Korpus, eine unüberschaubare Sammlung an Dokumenten, die ständig Änderungen unterworfen ist. Dadurch entsteht das Problem, dass ein heute erzeugtes Ergebnis, schon morgen nicht mehr

---

[1] http://www.natcorp.ox.ac.uk
[2] http://www.dwds.de

reproduzierbar sein kann.

Zudem ist das Web für jeden frei zugänglich. Jeder kann Texte ins Web stellen, ohne das er sich als Autor verantworten muss. Eine Kontrolle der Texte findet, im Vergleich zu einem festen Korpus, nicht statt.

Hinzu kommt, das es im Web viele störende Elemente gibt, wie Spam, Listen, Tabellen oder Seiten, die keinen zusammenhängenden Text beinhalten.

Ferner ist das Web kein balanciertes Korpus; Texttypen und Themengebiete werden unterschiedlich stark repräsentiert. [Agirre et al., 2000] stellte bei seinem »Word Sense Disambiguation«[3]-Experiment fest, das Sex-bezogene Webseiten starken Einfluss auf die Ergebnisse seines Experimentes hatten.

Ein weiteres Problem ist, dass bei der Nutzung des Webs auf Suchmaschinen zugegriffen wird, die für die breite Masse, aber nicht für den linguistischen Gebrauch konzipiert sind [Fletcher, 2004]. Zudem erfassen Suchmaschinen nur ein Teil des Webs, das sogenannte »*Deep Web*«[4] bleibt unberücksichtigt.

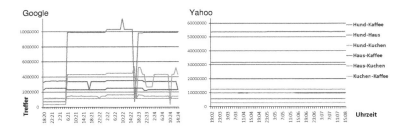

Abbildung 2.1: Treffer-Zeit-Analyse über 69 Stunden

Nutzung des Webs als Korpus

Die (teil)automatische Extraktion von Informationen aus dem Web wird auch als *Web-Mining* bezeichnet. Eine einfache Möglichkeit, das Web als Informationsquelle zu nutzen, ist dabei die Verwendung von *Suchmaschinen*.

Um Assoziationen zu berechnen, werden Wort- und Kookkurrenzhäufigkeiten benötigt. Es gibt zwei Möglichkeiten, die Häufigkeiten aus dem Web zu beziehen : (i) Über den direkten Zugriff auf statistische Informationen, wie zum Beispiel die Anzahl der Treffer bei Suchmaschinen oder (ii) durch Suchen und Herunterladen

---

[3]disambiguation = Lösen von Mehrdeutigkeiten

[4]deep web = verstecktes Web der Teil des Webs der über Suchmaschinen nicht auffindbar ist

von Webseiten, die dann anschließend analysiert werden.

Bei der ersteren Möglichkeit, können die Ergebnisse je nach Suchmaschine und Zeitpunkt stark schwanken (siehe Abbildung 2.1). Dadurch ist sie unzuverlässiger als die zweite Variante. Zudem ist die Zusammensetzung des Korpus unbekannt. Bei der zweiten Variante existieren die genannten Probleme nicht, da auf einer konstanten Datengrundlage gearbeitet wird und eine Kontrolle über die ausgewählten Webseiten gegeben ist. Problematisch ist jedoch, dass diese Methode sehr speicher- und rechenintensiv und somit nicht für alle Analysen geeignet ist. Beide genannten Varianten benötigen Suchmaschinen, um auf das Web zugreifen zu können. Nachfolgend werden die bekanntesten Suchmaschinen vorgestellt.

Suchmaschinen

Derzeit gibt es drei große Suchmaschinen auf dem Markt: *Google*[5], *Yahoo*[6] und *Bing*[7] (früher Microsoft Live Search). Weitere Suchmaschinen sind zum Beispiel: *Ask*[8], *Altavista*[9] oder *Exalead*[10]. Suchmaschinen unterscheiden sich hauptsächlich in ihren Suchfunktionen, wie die Unterstützung von booleschen Ausdrücken oder *Stemming*[11], sowie in ihrem Index.

Als wichtige Suchfunktion bei der Suche nach Kookkurrenzen, ist hier der *NEAR-Operator* zu nennen. Dieser Operator erlaubt es die Suche so einzugrenzen, dass zwischen den Suchbegriffen nur eine bestimmte Anzahl anderer Begriffe vorkommen dürfen. Die Größe des Fensters, und damit der Abstand der Suchbegriffe, ist je nach Suchmaschine festgelegt oder frei wählbar. Unterstützt wird dieser Operator von Altavista und Exalead, wobei der Abstand der Wörter bei Altavista auf 10 festgelegt und bei Exalead frei wählbar ist. Offiziell wird der Operator von Altavista nicht mehr unterstützt, aber er wird immer noch von der Suchmaschine erkannt und liefert bei der Nutzung andere Ergebnisse als bei Nichtnutzung.

---

[5]www.google.de
[6]www.yahoo.de
[7]www.bing.de
[8]www.ask.com
[9]www.altavista.de
[10]www.exalead.de/search
[11]Stemming = die Zurückführung verschiedener morphologische Varianten eines Wortes auf ihren gemeinsamen Wortstamm

3 Das Verfahren

Wortassoziationen entstehen zwischen Wörtern die häufig in dichter zeitlicher Aufeinanderfolge auftreten.

Beim Card-Sorting-Experiment, das unter anderen im » *Usability Engineering* « eingesetzt wird, werden Begriffe durch Versuchspersonen nach ihrer semantischen Ähnlichkeit gruppiert, um dadurch beispielsweise Menüeinträge auszuwählen und anzuordnen. Dabei spielen Assoziationen zwischen den Begriffen eine wesentliche Rolle (siehe Kapitel 2.1). Mittels Assoziationsmaßen kann die Assoziationsstärke zwischen Begriffen, auf Grundlage von Worthäufigkeiten in Texten, berechnet werden (siehe Kapitel 2.2). Als Datengrundlage wird ein Textkorpus benötigt, um die Häufigkeiten der Wörter zu ermitteln. Hierbei kann das Web als Korpus verwendet werden, das eine ausreichende Größe und einen leichten Zugriff auf Worthäufigkeiten bietet. Nachteil bei der Nutzung des Webs sind zum einen die Unbeständigkeit der Daten und die unbekannte Zusammensetzung des Webs, die keiner Kontrolle unterliegt. Einen leichten Zugriff auf das Web bieten Suchmaschinen, die durch direkten Zugriff auf Trefferanzahlen Worthäufigkeiten liefern können (siehe Kapitel 2.4). Um das Ergebnis der Gruppierung zu verbessern, wird die Ähnlichkeit zwischen zwei Wörtern auf Basis der Assoziationsstärken berechnet (siehe Kapitel 2.3).

3.1 Komponenten

Abbildung 3.1: Komponenten des Verfahrens

Das Verfahren lässt sich in drei Komponenten einteilen:

1. die Webressource – liefert die Worthäufigkeiten

2. die Berechnungs-Komponente – berechnet die Beziehung der Wörter

3. die Clustering-Komponente – teilt die Wörter in Gruppen ein

Die Berechnungs-Komponente bezieht die Worthäufigkeiten von der Webressource und führt darauf die Berechnung der Assoziationstärke durch. Nachdem die Ähnlichkeiten der Wörter durch diese Komponente bestimmt wurden, wird das Ergebnis an die Clustering-Komponente weitergegeben, die die Gruppierung der Begriffe durchführt.
Im Folgenden werden die einzelnen Komponenten und ihre Eigenschaften näher erklärt.

3.2 Webressource

Die Webressource liefert die Häufigkeiten für die darauf aufbauende Berechnung der Assoziationen. Es gibt verschiedene Möglichkeiten das Web als Datengrundlage zu verwenden (siehe Kapitel 2.4).
Das hier vorgestellte Verfahren bezieht die Worthäufigkeiten direkt aus den Trefferanzahlen von Suchmaschinen, da ein Herunterladen und Anschließendes analysieren der Webseiten sehr zeitintensiv wäre. Zudem zeigten [Keller und Lapata, 2003] in ihrer Arbeit, dass Suchmaschinen-basierte Häufigkeiten eine hohe Korrelation mit den Korpus-basierten Häufigkeiten hatten.

In der vorliegenden Arbeit werden mehrere Suchmaschinen verwendet, um die verschiedene Datengrundlagen miteinander vergleichen zu können. Die verwendeten Suchmaschinen sind unter anderen Google und Bing, wobei jeweils über die bereitgestellte API auf die Suchergebnisse zugegriffen wird. Statt Yahoo wird Altavista verwendet, da Altavista seit März 2004 den Yahoo-Index benutzt (vgl. [Vaughan, 2006]), aber den Vorteil hat, dass der NEAR-Operator bereitgestellt wird (siehe 2.4). Zudem wird die etwas unbekanntere Suchmaschine Exalead verwendet, da diese ebenfalls den NEAR-Operator bereitstellt. Zusätzlich werden Häufigkeiten aus dem » *Digitalen Wörterbuch der deutschen Sprache* « (DWDS) bezogen, um die Ergebnisse mit einem festen und balancierten Textkorpus vergleichen zu können. Durch die Suche bei Google und Bing werden Häufigkeiten von Dokument-Kookkurrenzen geliefert; also die Anzahl an gefundenen Dokumenten in denen die gesuchten Wörter gemeinsam vorkommen. Die von Altavista und Exalead gelieferten Trefferanzahlen ergeben die Häufigkeiten von fensterbasierten Do-kumentkookkurrenzen, da der NEAR-Operator verwendet wird und somit die Wörter in einem bestimmten Abstand im Dokument vorkommen müssen. Die Fenstergröße wurde hierbei, bedingt durch die feste Vorgabe von Altavista, bei beiden Suchmaschinen auf 10 festgelegt.

Beim DWDS bedeuten die Trefferanzahlen Häufigkeiten von fensterbasierten Kookkurrenzen im Korpus, wobei hier der Abstand auch auf 10 festgelegt wurde, um einen besseren Vergleich mit den Suchmaschinen zu haben.

Abschätzen der Webgröße

Da die Assoziationsmaße *Log-Likelihood* und *Mutual Information* die Korpusgröße für die Berechnung benötigen, musste die Webgröße abgeschätzt werden. Dazu lieferten die Trefferzahlen der häufigsten deutschen Wörter (*der, die, das, und, oder...*) einen Richtwert. Die Trefferzahlen lagen je nach Suchmaschine zwischen 1 - 1,5 Mrd deutscher Webseiten. Daher wurde die Webgröße auf 3 Mrd abgeschätzt, um eine hinreichende Größe zu wählen.

3.3 Berechnungs-Komponente

In dieser Komponente findet die Berechnung der Assoziationsstärke zwischen den Wörtern statt. Anschließend wird, anhand der Assoziationsstärken die semantische Ähnlichkeit der Begriffe berechnet.

Zur Berechnung der Assoziationsstärke werden verschiedene Assoziationsmaße, die später miteinander verglichen werden, verwendet. Ausgewählt wurden die Maße *Mutual Information* und *Log-Likelihood*, da sie weit verbreitet sind und häufig in der Literatur erwähnt werden. Zudem wird ein weniger bekanntes Assoziationsmaß, das sich nach den psychologischen Lerngesetzen rechtfertigen lässt, verwendet, da es eine psychologische Grundlage der Assoziationsberechnung bietet. Zur Verwendung in diesem Verfahren musste diese *psychologische Assoziationsformel* angepasst werden, da sie asymmetrische Assoziationsstärken lieferte.

Symmetrie der Assoziationsstärke

Die Assoziationsstärke stellt die Stärke der assoziativen Verbindung zweier Begrif-fen dar und ist daher symmetrisch. Zudem würde eine differenzierte Berechnung der beiden Assoziationsrichtungen ($Hund \rightarrow Katze, Katze \rightarrow Hund$) in diesem Verfahren kein Vorteil bringen, da nur die höchsten Assoziationstärken bei der

Berechnung der Gruppen berücksichtigt werden.

Anpassung der Assoziationsmaße

Das Mutual Information Maß und die in Kapitel 2.2.2 vorgestellte Variante des Log-Likelihood-Ratio Test mussten nicht angepasst werden, da durch die Symmetrie der gezählten Kookkurrenzen, auch die berechneten Assoziationsstärken symmetrisch sind.

Die von [Wettler et al., 1993] vorgestellte psychologische Assoziationsformel, dient zur Vorhersage von freien Assoziationen und liefert asymmetrische Assoziationstärken. Dies liegt daran, dass die von den Versuchspersonen assoziativen Antworten auf ein Stimuluswort z.t. asymmetrisch sind. [Rapp, 1996] stellte zum Beispiel in seinen Versuchen fest, dass auf das Wort *Käse – Butter* geantwortet wurde, aber auf *Butter* nicht *Käse* sondern *Brot*.

Da für die semantische Gruppierung die Richtung der Assoziation nicht von Bedeutung ist, wird hier die Assoziationstärke für beide Richtungen berechnet und daraus das Maximum bestimmt:

$$Assoziationsstärke(i,j) = max\{\tilde{A}_{i,j}, \tilde{A}_{j,i}\} \tag{3.1}$$

Da Versuchspersonen im Assoziationsexperiment in der Regel mit geläufigen Wörtern, also Wörter mit hoher Korpushäufigkeit antworten, wurde zudem eine Fallunterscheidung eingeführt, die Wörter mit niedrigen Korpushäufigkeiten unterdrückt (vgl. [Wettler und Rapp, 1993]). Zum Beispiel das Stimuluswort *Kirsche* weist eine hohe Assoziationsstärke mit *Amarelle* (eine Kirschsorte) auf. Da aber *Amarelle* selten im Sprachgebrauch auftaucht, ist auch nicht zu erwarten, dass dies von Versuchspersonen genannt wird. Daher mussten bei der Vorhersage von Wortassoziationen Wörter mit niedrigen Korpushäufigkeiten unterdrückt werden. Bei der Gruppierung von Begriffen muss dies nicht berücksichtigt werden. Daher wird die Fallunterscheidung nicht verwendet.

Normalisierung der Assoziationsstärken

Nachdem die Assoziationsstärke durch die Assoziationsmaße bestimmt wurde, wird die Ähnlichkeit der Begriffe berechnet, um ein besseres Ergebnis zu erzielen. Dabei wird die Distanz zwischen den Begriffsvektoren der Assoziationsmatrix berechnet. Vor der Berechnung der Distanz werden die Einträge der Assoziationsmatrix wie folgt normalisiert:

$$v_{i,j} = \begin{cases} 1, & \text{falls } i = j \\ 1 - \frac{1}{v_{i,j}+1}, & \text{sonst} \end{cases} \tag{3.2}$$

Wobei die Assoziationsstärke zwischen einem Begriff und sich selbst auf 1 gesetzt wird.

Berechnung der Ähnlichkeit: City-Block-Metrik

Um den Umfang dieser Arbeit nicht zu überschreiten, wird nur die in 2.3 genannte City-Block-Metrik zur Berechnung der Ähnlichkeit verwendet.

Dieses Maß wurde verwendet, da [Rapp, 1999] in seinen Experimenten feststellte, dass die City-Block-Metrik die besten Resultate lieferte, als er sie mit den anderen in Kapitel 2.3 genannten Maßen verglich.

3.4 Clustering-Komponente

Die Clustering-Komponente teilt die Begriffe anhand ihrer Ähnlichkeitswerte in Gruppen ein.

Das Bilden der Gruppen wird *Clustering* genannt. Das Clustering geschieht durch einen agglomerativen hierarchischen Clustering-Algorithmus, wie er u.a. auch bei der Auswertung von Card-Sorting-Experimenten eingesetzt wird. Die Berechnung der Ähnlichkeit nach der Verschmelzung zweier Cluster erfolgt hierbei durch *group-average*. Im nachfolgenden Abschnitt wird die genaue Arbeitsweise des Algorithmus erklärt.

3.5 Vorgehensweise

Das hier vorgestellte Verfahren gruppiert automatisch Begriffe nach ihrer semantischen Ähnlichkeit (»*semantisches Clustering*«). Dazu wird wie folgt vorgegangen: Als Eingabe erhält das Verfahren eine Liste von Begriffen und die Anzahl an Gruppen, die gebildet werden sollen.

Im ersten Schritt werden die Einzelhäufigkeiten und Kookkurrenzhäufigkeiten der eingegebenen Begriffe abgefragt. Dies geschieht durch Suchanfragen an die Webressource. Die daraufhin gelieferten Trefferangaben bilden die Häufigkeiten. Nach dem Durchlaufen aller Kombinationen von Begriffspaaren, ergibt sich eine Begriff-Begriff-Kookkurrenzmatrix mit den jeweiligen Kookkurrenzhäufigkeiten.

	b_1	b_2	...	b_n			b_1	b_2	...	b_n
b_1		$cooc(b_1,b_2)$	...	$cooc(b_1,b_n)$	**Assoziationsmaß**	b_1		$sig(b_1,b_2)$	...	$sig(b_1,b_n)$
b_2	$cooc(b_2,b_1)$		...	$cooc(b_2,b_n)$	$\longrightarrow$	b_2	$sig(b_2,b_1)$		...	$sig(b_2,b_n)$
...		...	...			...	...	...		...
b_n	$cooc(b_n,b_1)$	$cooc(b_n,b_2)$	...			b_n	$sig(b_n,b_1)$	$sig(b_n,b_2)$	...	

Kookkurrenzmatrix Assoziationsmatrix

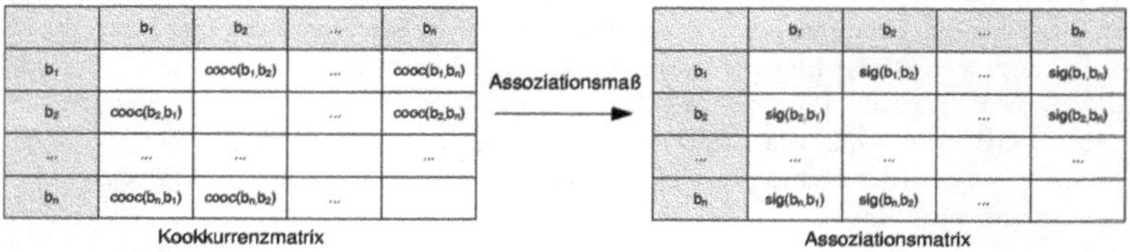

Abbildung 3.2: Berechnung der Assoziationsmatrix auf Grundlage der Kookkurrenzmatrix

Aus der Kookkurrenzmatrix Matrix wird nun die Begriff-Begriff-Assoziationsmatrix berechnet (siehe Abb. 3.2), wobei die Einträge der Matrix die Assoziationsstärken zwischen den Begriffen darstellen. Bei der Berechnung werden die Häufigkeiten durch ein Assoziationsmaß in eine Assoziationsstärke umgerechnet. Nachdem alle Assoziationsstärken berechnet wurden, werden die Einträge der Assoziationsmatrix entsprechend der Formel 3.2 normalisiert.

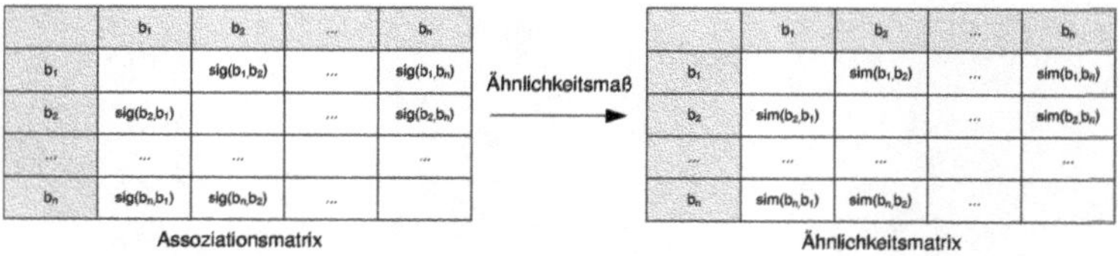

	b_1	b_2	...	b_n			b_1	b_2	...	b_n
b_1		$sig(b_1,b_2)$	...	$sig(b_1,b_n)$	**Ähnlichkeitsmaß**	b_1		$sim(b_1,b_2)$	...	$sim(b_1,b_n)$
b_2	$sig(b_2,b_1)$		...	$sig(b_2,b_n)$	$\longrightarrow$	b_2	$sim(b_2,b_1)$		...	$sim(b_2,b_n)$
...		...	...			...	...	...		...
b_n	$sig(b_n,b_1)$	$sig(b_n,b_2)$	...			b_n	$sim(b_n,b_1)$	$sim(b_n,b_2)$	...	

Assoziationsmatrix Ähnlichkeitsmatrix

Abbildung 3.3: Berechnung der Ähnlichkeitsmatrix auf Grundlage der Assoziationsmatrix

Im nächsten Schritt wird aus der Assoziationsmatrix die Begriff-Begriff-Ähnlichkeitsmatrix berechnet (siehe Abb. 3.3). Dabei stellt die Distanz der Begriffsvektoren der Assoziationsmatrix die Ähnlichkeit der Begriffe dar. Dabei dient ein Ähnlichkeitsmaß, in diesem Fall die City-Block-Metrik, zur Distanzberechnung.

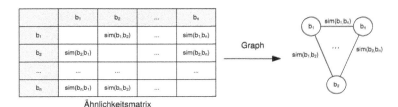

Ähnlichkeitsmatrix

Abbildung 3.4: Generierung des Graphen auf Grundlage der Ähnlichkeitsmatrix

Um das nächste Vorgehen zu vereinfachen, wird aus der Ähnlichkeitsmatrix ein ungerichteter Graph generiert, wobei jeder Begriff ein Knoten darstellt (siehe Abb. 3.4). Für jeden Eintrag der Ähnlichkeitsmatrix wird eine Kante erstellt, der die beiden dazugehörigen Begriffe bzw. Knoten verbindet. Als Kantengewicht dient dabei ihr Ähnlichkeitswert.

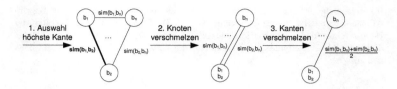

Abbildung 3.5: Graph-Clustering

Auf diesen Graphen erfolgt nun das Clustering (siehe Abb. 3.5). Hierbei wird wie folgt vorgegangen:

1. Wähle die Kante mit dem höchsten Gewicht

2. Verschmelze die beiden Knoten, die durch die Kante verbunden werden

3. Verschmelze alle parallelen Kanten. Das Kantengewicht ist dabei das durchschnittliche Kantengewicht beider Kanten

4. Wiederhole Schritt 1-3 solange bis Knotenanzahl gleich der gewünschten Gruppenanzahl ist

Am Ende des Clusterings ergeben sich aus den verbleibenden Knoten die Gruppen.

4 Implementierung

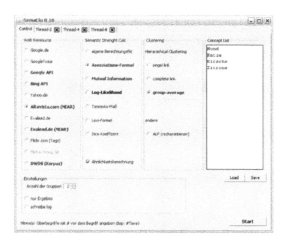

Abbildung 4.1: Screenshot der »semantisches Clustering«-Anwendung

Die Implementierung erfolgte in Java. Als zusätzliches Paket wurde das $JSON$[1]-Paket von www.json.org verwendet, um auf die API von Google und Bing zugreifen zu können. JSON ist ein schlankes, für Menschen einfach zu lesendes Datenaustauschformat mit dem Datenstrukturen abgebildet werden können. Das JSON-Format ermöglichte dabei einen einfachen Datenaustausch zwischen Client und Server.

Die Verbindung zu den anderen Suchmaschinen bzw. dem DWDS erfolgte über die von Java bereitgestellten Klassen. Dabei wurde der zurückgelieferte Quelltext der Webseiten analysiert, um auf die Treffer zugreifen zu können.

Die Klassen der Graph Datenstruktur wurde aus dem Open Source Projekt *OpenJPA*[2] entnommen. OpenJPA ist eine Implementierung der

---

[1] JavaScript Object Notation
[2] openjpa.apache.org

19

»*Java Persistence API*« (JPA), welche eine Schnittstelle für Java-Anwendungen ist und die Zuordnung und die Übertragung von Objekten zu Datenbankeinträgen vereinfacht.

Die grafische Oberfläche wurde in Swing programmiert und teilweise mit den für unkommerzielle Zwecke kostenlosen GUI-Editor *Jigloo*[3] erstellt.

---

[3]www.cloudgarden.com/jigloo/

5 Evaluation

Um die Qualität der Ergebnisse des Verfahrens zu überprüfen wurde das semantische Clustering und Card-Sorting-Experimente mit Versuchspersonen auf die gleichen Begriffsmengen (Sets) angewandt. Die Ergebnisse beider Verfahren wurden anschließend miteinander verglichen. Bei der Durchführung des semantischen Clusterings wurden verschiedene Datengrundlagen und Assoziationsmaße verwendet, um herauszufinden welche Kombination die besten Resultate lieferte.

5.1 Begriffsmengen (Sets)

Zur Evaluation wurden drei Sets mit Begriffen aus unterschiedlichen Bereichen erstellt. Das erste Set beinhaltet ausgewählte Begriffe des täglichen Gebrauchs, wie Früchte, Möbel oder Tiere. Das zweite Set enthält Menüpunkte einer grafischen Benutzeroberfläche, wie beispielsweise *Öffnen* oder *Speichern*. Durch dieses Set sollte festgestellt werden, in wieweit sich das semantische Clustering auch auf Menüelemente anwenden lässt. Das dritte Set wurde zufällig generiert und enthält Kategoriebezeichnungen eines Online-Auktionshauses. Durch die zufällige Zusammenstellung dieses Sets konnte eine Beeinflussung auf die Ergebnisse der Experimente ausgeschlossen werden.

Die Anzahl der zu bildenden Gruppen, ergab sich aus der Anzahl der Kategorien aus denen die Begriffen stammten. Dem Verfahren und den Versuchspersonen waren nur die Begriffe bekannt und nicht die Kategoriebezeichnungen.

Nachfolgend werden die Sets mit den Kategorien und den zugehörigen Begriffe aufgelistet.

Set 1 (Alltag)
Dieses Set besteht aus 30 Begriffe des täglichen Gebrauchs und sollte in 7 Gruppen eingeteilt werden.

Kategorie	Begriffe
Tiere	*Hund, Katze, Vogel, Fisch*
Getränke	*Tee, Mineralwasser, Kaffee, Limonade*
Kleidung	*Hose, Hemd, Socken, Pullover*
Blume	*Rose, Tulpe, Nelke*
Möbel	*Stuhl, Tisch, Regal, Schrank, Bett*
Geschirr&Besteck	*Gabel, Löffel, Messer, Teller*
Obst	*Kirsche, Zitrone, Apfel, Birne, Orange, Erdbeere*

Set 2 (Menü):
Bei diesem Set wurden die Begriffe von den Menüelementen eines Text-Editors entnommen. Die Anzahl der Gruppen wurde auf 6 festgelegt, da es 6 Hauptnavigationselemente in dem Editor gab. Insgesamt bestand das Set aus 33 Begriffen. Einige Menüelemente bestanden aus zwei zusammenhängenden Begriffen, wurden aber als ein Begriff behandelt, da sie eine Einheit bildeten.

Kategorie	Begriffe
Datei	*Neu, Öffnen, Speichern, »Speichern Unter«, »Seite einrichten«, Drucken, Druckvorschau, Beenden, Schließen*
Bearbeiten	*Rückgängig, Wiederherstellen, Ausschneiden, Kopieren, Einfügen, Löschen, »Alles markieren«, Einstellungen*
Suchen	*Suchen, Weitersuchen, »Rückwärts suchen«, Ersetzen, »Gehe zu«*
Werkzeuge	*»Rechtschreibung prüfen«, »Automatische Rechtschreibprüfung«, »Sprache festlegen«*
Dokumente	*»Alle speichern«, »Alle schließen«, »Vorheriges Dokument«, »Nächstes Dokument«*
Hilfe	*Hilfethemen, »Online Hilfe«, »Fehler melden«, Info*

Set 3 (Zufall)
Diese Begriffsmenge wurde zufällig generiert. Dazu wurden per Zufall eBay-Kategorien[1] und die dazu gehörigen Unterkategorien ausgewählt. Die Anzahl an Kategorien, sowie Unterkategorien waren dabei auch zufällig (zwischen 4-8). Als Ergebnis entstand ein Set mit 40 Begriffen aus 5 Kategorien. Daher sollte dieses Set in 5 Gruppen eingeteilt werden.

---

[1] listings.ebay.de

Kategorie	Begriffe
PC&Videospiele	*PC-Spiele, Video-Spiele, Sachbücher, Ratgeber, Onlinespiele, Konsolen*
Büro&Schreibwaren	*Versandmaterialien, Bürotechnik, Geschenkartikel, Werbeartikel, Büromöbel, Präsentationsbedarf, Koffer, Taschen, Accessoires, »Technischer Zeichenbedarf«, Schulbedarf, Papierwaren, Schreibwaren*
Auto&Motorrad	*Fahrzeugteile, Kfz-Services, Kfz-Reparaturen, Auto-Anbau, Autoreifen, Felgen, »Auto Ersatzteile«, »Auto Reparaturteile«*
Garten	*Pavillons, Partyzelte, Bewässern, Sonnenschutz, Gartenkleidung, Teichsysteme, Bachlaufsysteme*
Sammeln&Seltenes	*Überraschungseier, Technik, Geräte, Disneyana (Disney-Artikel) , Reklame, Werbung*

5.2 Durchführung der Card-Sorting-Experimente

Insgesamt wurden drei Card-Sorting-Experimente durchgeführt, in denen Versuchspersonen die unterschiedlichen Sets gruppieren sollten. Die Experimente wurden dabei online durchgeführt um in kurzer Zeit viele Versuchspersonen erreichen zu können.

Hierbei kam die an der Universität Paderborn entwickelte webbasierte Card-Sorting Anwendung *WeCaSo*[2] zum Einsatz. Den Versuchspersonen wurde über Email die Adressen zu den Experimenten geschickt, die dann auf den jeweiligen Webseiten an dem Experiment teilnehmen konnten. Jedes Set stellte dabei ein eigenes Experiment dar.

Die Analyse der Ergebnisse erfolgte mit dem Werkzeug *casolysis*, welches auch an der Universität Paderborn entwickelt wurde und auf der WeCaSo-Webseite zur Verfügung steht. Bei der Analyse wurde eine Clusteranalyse mittels agglomerativen hierarchischen Clustering durchgeführt, um die Gruppen zu erhalten. Die Datensätze der Experimente mussten vor der Analyse angepasst werden, da ein Card-Sorting-Experiment in dem nur die Anzahl der Gruppen festgelegt ist, nicht vorgesehen war.

---

[2] www.wecaso.de

Durch die Experimente ergaben sich folgende Gruppen:

Ergebnis Card-Sorting: Set1 (Alltag)

	Begriffe
Gruppe1:	*Hund, Katze, Vogel, Fisch*
Gruppe2:	*Tee, Mineralwasser, Kaffee, Limonade*
Gruppe3:	*Hose, Hemd, Socken, Pullover*
Gruppe4:	*Rose, Tulpe, Nelke*
Gruppe5:	*Stuhl, Tisch, Regal, Schrank, Bett*
Gruppe6:	*Gabel, Löffel, Messer, Teller*
Gruppe7:	*Kirsche, Zitrone, Apfel, Birne, Orange, Erdbeere*

Anzahl Versuchspersonen: 78

Dieses Set ließ sich, wie Versuchspersonen berichteten, leicht gruppieren. Das Ergebnis stimmt mit den ursprünglichen Kategorien überein (vgl. 5.1).

Ergebnis Card-Sorting: Set2 (Menü)

	Begriffe
Gruppe1:	*»Vorheriges Dokument«,»Nächstes Dokument«*
Gruppe2:	*Hilfethemen, »Online Hilfe«, »Fehler melden«, Info*
Gruppe3:	*Wiederherstellen, Ersetzen, Rückgängig, Ausschneiden, Kopieren, Einfügen, Löschen, »Alles markieren«*
Gruppe4:	*»Rechtschreibung prüfen«, »Automatische Rechtschreibprüfung«, »Sprache festlegen«, Einstellungen*
Gruppe5:	*Suchen, Weitersuchen, »Rückwärts suchen«, »Gehe zu«*
Gruppe6:	*Neu, Öffnen, Speichern, »Speichern Unter«, »Seite einrichten«, Drucken, Druckvorschau, Beenden, Schließen, »Alle speichern«, »Alle schließen«*

Anzahl Versuchspersonen: 73

Die Gruppierung dieses Sets gestaltete sich für die Versuchspersonen schwieriger als das Erstere. Besonders die weniger erfahrenen Versuchspersonen im Umgang mit dem Computer empfanden dieses Set als sehr schwer zu gruppieren. Das Ergebnis weicht aber nur in einigen Punkten von der originalen Menüführung ab (z.B. »Alle speichern«,»Alle schließen«).

Ergebnis Card-Sorting: Set3 (Zufall)

	Begriffe
Gruppe1:	*Video-Spiele, Konsolen, Onlinespiele, PC-Spiele*
Gruppe2:	*Taschen, Koffer*
Gruppe3:	*»Auto Ersatzteile«, »Auto Reparaturteile«, Auto-Anbau, Felgen, Autoreifen, Kfz-Reparaturen, Fahrzeugteile, Technik, Kfz-Services*
Gruppe4:	*Partyzelte, Pavillons, Sonnenschutz, Geräte, Bewässern, Teichsysteme, Gartenkleidung, Bachlaufsysteme*
Gruppe5:	*Geschenkartikel, Papierwaren, Ratgeber, Schulbedarf, Werbeartikel, Versandmaterialien, Büromöbel, Reklame, Sachbücher, »Technischer Zeichenbedarf«, Schreibwaren, Präsentationsbedarf, Disneyana, Bürotechnik, Werbung, Überraschungseier, Accessoires*

Anzahl Versuchspersonen: 55

Das per Zufall zusammengestellte Set war, laut den Versuchspersonen, am schwersten zu gruppieren. Die Begriffsmenge, die aus eBay-Unterkategorien enstanden ist, ließ sich nicht eindeutig in Gruppen einteilen. Dies lag daran, das Begriffe innerhalb einer Kategorie z.T. sehr unterschiedlich waren und auf den ersten Blick nicht in eine gemeinsame Gruppe gehörten (z.B.: Überraschungseier u. Technik in Sammeln&Seltenes). Daher ist es nicht überraschend, das es Abweichungen gegenüber der originalen Aufteilung der Begriffe gibt.

5.3 Durchführung des semantischen Clusterings

Die automatische Gruppierung erfolgte auf Grundlage von verschiedenen Webressourcen, sowie Assoziationsmaßen, die nachfolgend aufgelistet werden:

verwendete Webressourcen:

- Google (API)

- Bing (API)

- Altavista (mit\ohne NEAR-Operator)

- Exalead (mit\ohne NEAR-Operator)

- DWDS-Korpus

verwendete Assoziationsmaße:

- Mutual Information (Mutual)

- Log-Likelihood-Ratio Test (LLR)

- psychologische Assoziationsformel (PAF)

verwendetes Ähnlichkeitsmaß:

- City-Block-Metrik

Bei der Durchführung des semantischen Clusterings gab es mehrere Durchläufe, wobei alle möglichen Kombinationen aus Webressourcen und Assoziationsmaßen auf die drei Sets angewandt wurden. Dabei wurden die Gruppen einmal mit und ohne Einbeziehung der Ähnlichkeit gebildet.

Um die Übersichtlichkeit zu bewahren, werden die Ergebnisse nur im Vergleich mit denen des Card-Sorting-Experiments dargestellt. Die besten Ergebnisse des semantischen Clusterings bei der Verwendung von Suchmaschinen, werden im Anhang aufgeführt.

5.4 Vergleich und Bewertung der Ergebnisse

Bei der Bewertung der Ergebnisse werden die Gruppierungen des Verfahrens mit denen des Menschen verglichen, wobei ein gutes Ergebnis des semantischen Clusterings eine hohe Übereinstimmung mit dem Menschen darstellt.

Um die Qualität der Gruppierungen des semantischen Clusterings zu messen wird die Trefferquote (*Recall*), die Genauigkeit (*Precision*), sowie das harmonische Mittel aus beiden (*F-Measure*) berechnet.

Um diese Werte berechnen zu können, werden in jeder Gruppe Assoziationspaare gebildet. Wobei jede Kombination aus zwei Begriffen ein Assoziationspaar bildet.

Aus einer Gruppe mit den 3 Begriffen: *Hund, Katze, Fisch* würden sich beispielsweise drei Assoziationspaare ergeben: $Hund \leftrightarrow Katze, Hund \leftrightarrow Fisch,$ $Katze \leftrightarrow Fisch$.

Die Gruppen, die sich durch das Card-Sorting-Experiment gebildet haben, ergeben dabei die Menge an relevanten Assoziationspaaren. Die Ergebnisse des semantsichen Clusterings bilden die Menge an gefundenen Assoziationspaaren. Wobei auch nicht relevante Assoziationspaare enthalten sein können. Aus der Schnittmenge beider Mengen ergeben sich die gefundenen relevanten Assoziationspaare.

Aus den Betrag der Mengen lassen sich wie folgt die Maße Recall, Precision und F-Measure berechnen:

Trefferquote:

$$Recall = \frac{|\{relevante\ Assoziationspaare\} \cap \{gefundene\ Assoziationspaare\}|}{|\{relevante\ Assoziationspaare\}|}$$

$$(5.1)$$

Der Recall ist eine Kennzahl für die Vollständigkeit und gibt an, wieviel Prozent der relevanten Assoziationspaare gefunden wurden.

Genauigkeit:

$$Precision = \frac{|\{relevante\ Assoziationspaare\} \cap \{gefundene\ Assoziationspaare\}|}{|\{gefundene\ Assoziationspaare\}|}$$

$$(5.2)$$

Die Precision gibt an, wieviel Prozent der gefundenen Assoziationspaare relevant sind und ist somit eine Kennzahl für die Genauigkeit des Verfahrens.

Harmonisches Mittel [Yang und Liu, 1999]:

$$F - Measure = \frac{2 * Precision * Recall}{Precision + Recall}$$

$$(5.3)$$

Das F-Measure wird als harmonisches Mittel aus Precision und Recall berechnet und beim Vergleich als Qualitätsmaß verwendet.

Darstellung und Interpretation der Ergebnisse
Für alle Ergebnisse des semantischen Clusterings wurden die genannten drei Werte berechnet. In der folgenden Tabelle werden alle Webressourcen mit dem Assoziationsmaß, welches die besten Ergebnisse für das jeweilige Set lieferte, dargestellt. Zusätzlich gibt es zwei weitere Tabellen. Die eine Tabelle zeigt die Ergebnisse unter Einbeziehung der Ähnlichkeitsberechnung. Die andere Tabelle stellt den Vergleich der Ergebnisse mit und ohne NEAR-Operator dar. In beiden Tabellen wird nur der F-Measure-Wert angegeben, um die Übersichtlichkeit zu bewahren. Eine vollständige Tabelle mit allen Ergebnissen, ist im Anhang zu finden.

		Set1 (Alltag)	Set2 (Menü)	Set3 (Zufall)
Google\Bing	Asso.Maß	–	–	–
	Recall	–	–	–
	Precision	–	–	–
	F-Measure	–	–	–
Altavista (NEAR)	Maß	PAF	PAF	PAF
	Recall	82,69%	28,43%	48,31%
	Precision	78,18%	32,58%	68,97%
	F-Measure	80,37%	**30,37%**	**56,82%**
Exalead (NEAR)	Maß	PAF	LLR	LLR
	Recall	80,77%	30,39%	68,12%
	Precision	75,00%	29,25%	43,52%
	F-Measure	77,78%	29,81%	53,11%
DWDS	Maß	PAF\LLR	–	–
	Recall	100,00%	–	–
	Precision	100,00%	–	–
	F-Measure	**100,00%**	–	–

Tabelle 5.1: Ergebnisse Webressourcen mit bestem Assoziationsmaß

Die Tabelle 5.1 zeigt die Gruppierungs-Ergebnisse des Verfahren im Vergleich mit den Ergebnissen des Menschen. Der Recallwert gibt an, wieviel Prozent relevante Assoziationspaare von dem Verfahren mit der jeweiligen Konfiguration erkannt wurden. Der Precisionwert dahin gegen gibt an, wieviel Prozent der als relevant erkannten Assoziationspaare auch wirklich relevant waren. Angestrebt ist ein hoher F-Measure-Wert, da dieser eine korrekte Gruppierung wiederspiegelt. Ist der F-Measure-Wert hoch, bedeutet dieses, dass viele Begriffe die zusammen gehören in der selben Gruppe auftauchen, aber nur wenige falsche Begriffe dieser Gruppe zugeordnet wurden.

Die Ergebnisse zeigen, dass es möglich ist durch ein automatisches Verfahren ein äquivalentes Ergebnis zu denen des Card-Sorting-Experiments zu erhalten. Bei dem ersten Set konnten die *höchsten Übereinstimmungen* mit den menschlichen Gruppierungen erreicht werden. Auf der Datengrundlage des DWDS-Korpus konnte sogar eine 100% Übereinstimmung erreicht werden. Die beste Suchmaschine mit einem F-Measure-Wert von 80,37% war in diesem Fall Altavista unter Verwendung des NEAR-Opertators. Auch beim dritten Set, welches per Zufall generiert wurde und auch für Menschen schwierig zu gruppieren war, erzielte Altavista mit NEAR-Operator immerhin noch einen F-Measure-Wert von 56,82%. Die Anwendung des Verfahrens auf das Set mit den Menüelementen erzielte ein weniger gutes Ergebnis. Die beste Gruppierung mit der höchsten Übereinstimmung erzielte Altavista mit dem NEAR-Operator mit einen F-Measure von nur 30,37%. Dies mag daran liegen, das die verwendeten Menübegriffe weit verbreitet sind und sehr häufig in Anwendungsprogramme auftreten. Desweiteren werden durch die Begriffe Funktionen der Software benannt. Ein Navigationsmenü einer Webseite lässt sich durch das Verfahren wahrscheinlich besser gruppieren, da hier die Begriffe den Inhalt der Webseite widerspiegeln.

Die Annahme, dass durch die *Berechnung der Ähnlichkeit* zweier Begriffe ein besseres Ergebnis erzielt werden kann, bewahrheitete sich nicht. In allen Fällen erwies sich die Einbeziehung der Ähnlichkeit als unvorteilhaft, wie in der Tabelle 5.2 zu sehen ist. Die Gründe hierfür müssen noch untersucht werden.

		Set1 (Alltag)	Set2 (Menü)	Set3 (Zufall)
Altavista (NEAR)	Maß	PAF	PAF	PAF
	F-Measure	39,25%	26,67%	55,10%
Exalead (NEAR)	Maß	LLR	PAF	LLR
	F-Measure	56,07%	28,09%	36,67%
DWDS	Maß	PAF	–	–
	F-Measure	56,60%	–	–

Tabelle 5.2: Ergebnisse unter Einbeziehung der Ähnlichkeitsberechnung

Tabelle 5.3 zeigt die Unterschiede zwischen den Ergebnissen von Altavista bzw. Exalead mit und ohne den NEAR-Operator. Es ist zu erkennen das sich deutlich bessere Ergebnisse unter *Verwendung des NEAR-Operators* erzielen lassen. Am stärksten fällt dieser Unterschied bei der Suchmaschine Exalead mit dem ersten Set auf. Hier erreichte die Verwendung des NEAR-Operators einen um 16,1 Prozentpunkte höheren F-Measure-Wert. Dadurch konnte gezeigt werden, dass der Abstand, in dem die Begriffe innerhalb eines Dokumentes vorkommen, von Bedeutung ist und begrenzt werden sollte, um ein exakteres Ergebnis zu erhalten.

		Set1 (Alltag)	Set2 (Menü)	Set3 (Zufall)
Altavista				
ohne NEAR	F-Measure	73,79%	27,62%	47,54%
mit NEAR	F-Measure	80,37%	30,37%	56,82%
Exalead				
ohne NEAR	F-Measure	61,68%	31,35 %	36,52 %
mit NEAR	F-Measure	77,78%	29,81%	53,11%

Tabelle 5.3: Vergleich der Ergebnisse mit und ohne NEAR-Operator

Die Datengrundlage aus der die Häufigkeit der Wörter bezogen wird, spielt bei der Qualität der Gruppierung eine wesentliche Rolle. Dies zeigt auch das erzielte Ergebnis, bei Verwendung des DWDS-Korpus im ersten Set. Durch die Ausgewogenheit der Texte die sich im DWDS-Korpus befinden, stellte sich dieses als beste Datengrundlage für das »Alltags«-Set heraus. Der Nachteil des DWDS-Korpus (seine feste Größe), machte sich allerdings beim zweiten und dritten Set bemerkbar. Bei der Berechnung der Gruppierung der beiden Sets wurden zu wenig Kookkurrenzen in diesem Korpus gefunden, so dass eine Gruppierung der Begriffe nicht möglich war.

Unter den Suchmaschinen erwies sich Altavista (mit NEAR) mit einem durchschnittlichen F-Measure von 55,85% als *beste Webressource*, gefolgt von Exalead (mit NEAR) mit 55,48%. Google und Bing erwiesen sich als unzuverlässige Datenquelle. Sie lieferten falsche Häufigkeiten der Wörter. Wobei »falsch« bedeutet, dass das einzelne Auftreten eines Wortes kleiner war als das gemeinsame Auftreten mit einem anderen Wort. Diese falschen Häufigkeiten führen zu Berechnungen von Logarithmen negativer Zahlen. Aus diesen Grund wurde die Berechnung in solch einem Fall abgebrochen.

Als *bestes Assoziationsmaß* bewahrheitete sich die psychologische Assoziationsformel (PAF) mit einem durchschnittlichen F-Measure-Wert von 47,62% bei den verwendeten Suchmaschinen. Das Maß erzielte sowohl im festen Textkorpus als auch im Web gute Ergebnisse. Mutual Information (Mutual) konnte im Web die zweit besten Ergebnisse mit durchschnittlich 43,06% erreichen. Beim DWDS-Korpus lag das Maß allerdings mit 84,62% hinter den anderen Assoziationsmaßen. Der sehr verbreitete Log-Likelihood-Ratio Test (LLR) schnitt am schlechtesten bei der Verwendung von Suchmaschinen ab (durchschnittl. F-Measure-Wert: 39,88%). Dies mag an der Unbalanciertheit des Webs liegen. Die Suchmaschine Exalead findet zum Beispiel 1 Millionen deutschsprachige Webseiten in denen das Wort *Orange* vorkommt, aber nur 90.000 Seiten für den Suchbegriff *Kirsche*. Da die Suchmaschine Groß-/Kleinschreibung nicht berücksichtigt und *Orange* auch eine Farbbezeichnung ist, kommt dieser Begriff viel häufiger im Web vor. Durch diese Größenunterschiede wird die Assoziationsstärke zwischen *Orange* und *Kirsche* nicht so stark bewertet.

Ein weiterer Grund für diese Annahme ist, dass der Log-Likelihood-Ratio Test bei dem balancierten DWDS-Korpus ein sehr gutes Ergebnis lieferte (F-Measure-Wert: 100,00%).

6 Zusammenfassung

Ziel der Arbeit war es ein Verfahren vorzustellen, das bei der Gruppierung von Begriffen ähnliche Ergebnisse liefert wie ein Card-Sorting-Experiment. Es konnte gezeigt werden, dass durch das Verfahren ähnliche Ergebnisse erreicht werden können. Dieses trifft jedoch nicht auf jede Begriffsmenge zu. Menüelemente ließen sich nicht durch das Verfahren in sinnvolle Gruppen einteilen. Die Begriffe des täglichen Sprachgebrauchs ließen sich demgegenüber sehr gut gruppieren. Daher wäre eine Anwendungs des Verfahrens zur automatischen Gruppierung von *Tags* denkbar.

Um Begriffe gruppieren zu können, wurden Assoziationsstärken zwischen ihnen berechnet. Die Berechnung der Assoziationsstärken zwischen den Begriffen erfolgte mittels Assoziationsmaßen, auf Grundlage von Worthäufigkeiten. Es wurden bei der Berechnung verschiedene Assoziationsmaße verwendet und ihre Ergebnisse miteinander verglichen. Die psychologische Assoziationsformel, die für dieses Verfahren angepasst wurde (siehe 3.3), lieferte dabei die besten Ergebnisse. Der Log-Likelihood Ratio Test schnitt am schlechtesten ab.

Durch Berechnung der Ähnlichkeit zwischen Begriffsvektoren sollten die Ergebnisse der Gruppierung verbessert werden. Hier wurde gezeigt, dass sich keine bessere Gruppierung durch die Ähnlichkeitsberechnung erzielen ließ, sondern sich die Ergebnisse im Allgemeinen verschlechterten.

Die Worthäufigkeiten aus denen die Assoziationsstärken berechnet werden, wurden aus dem Web durch die Trefferanzahl von Suchmaschinen gezogen. Dabei spielte, wie gezeigt werden konnte, der Abstand der Wörter innerhalb des Dokumentes eine wichtige Rolle. Wurde der Abstandsbereich zwischen den gesuchten Wörtern begrenzt, konnte ein besseres Ergebnis erzielt werden.

Es konnte gezeigt werden, dass die Datengrundlage der Worthäufigkeiten ausschlaggebend für die Qualität der Gruppierung ist. Dabei wurden verschiedene Suchmaschinen und ein festes balanciertes Textkorpus, das »*Digitalen Wörterbuch der deutschen Sprache*« (DWDS), miteinander verglichen. Google und Bing stellten dabei die schlechteste Grundlage für die Gruppierung dar. Da sie falsche Worthäufigkeiten lieferten. Altavista, unter Verwendung des NEAR-Operators, lieferte als Suchmaschine die besten Ergebnisse. Das DWDS-Korpus konnte nicht für jede Begriffsmenge als Datengrundlage verwendet werden, da sich seltene Wörter oder Kookkurrenzen nicht im Textkorpus wiederfinden.

Ausblick

Die Berechnung der Ähnlichkeit brachte in dem vorgestellten Verfahren keinen Vorteil. Eine andere Art der Normalisierung oder ein anderes Ähnlichkeitsmaß könnte hier evtl. bessere Ergebnisse liefern.

Zur Gruppierung der Begriffe benötigt das Verfahren die Anzahl der Gruppen, in die die Begriffsmenge eingeteilt werden soll. Eine Verbesserung wäre, die Anzahl der Gruppen automatisch zu bestimmen. Hierzu müsste eine geeignete Methode zur Bestimmung eines Grenzwertes, der als Eingabe für das Clustering dient, entworfen werden. Beim hierarchischen Clustering würde dann der Clustering-Algorithmus abgebrochen werden, wenn die Kante mit dem höchsten Gewicht den Grenzwert unterschreitet.

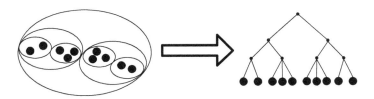

Abbildung 6.1: Hierarchische Struktur durch mehrfaches Clustering

Eine Erweiterung des Card-Sorting-Experiments ist das so genannte hierarchische Card-Sorting, welches von [Davies, 1996] beschrieben wurde. Dabei ist den Versuchspersonen auch eine Verschachtelung der Gruppen erlaubt. So entsteht eine Taxonomie, eine hierarchische Struktur von Gruppen. Um das selbe Ergebnis mit dem Verfahren zu erreichen, könnte dieses Rekursiv auf eine Begriffsmenge angewendet werden. Dabei würden die durch das Verfahren entstandenen Gruppen, erneut in Untergruppen eingeteilt werden, wobei eine feinere Einteilung stattfindet. Diese neu entstandenen Untergruppen könnten wieder eingeteilt werden, usw. Hierdurch würde wie in Abb. 6.1 zu sehen, eine hierarchische Struktur entstehen.

A Anhang

A.1 Ergebnisse des semantischen Clusterings im Detail

	Begriffe
Gruppe1:	*Hund, Katze, Vogel*
Gruppe2:	*Tee, Löffel, Mineralwasser, Kaffee*
Gruppe3:	*Hose, Hemd, Pullover, Socken*
Gruppe4:	*Nelke, Rose, Tulpe*
Gruppe5:	*Bett, Schrank, Stuhl, Regal, Tisch*
Gruppe6:	*Teller, Fisch, Gabel, Messer*
Gruppe7:	*Apfel, Limonade, Birne, Erdbeere, Orange, Zitrone, Kirsche*

Recall: 82,69%, Precision: 78,18%, F-Measure: **80,37%**

Tabelle A.1: Bestes Ergebnis Set1, Altavista mit NEAR-Operator + psychologische Assoziationsformel

	Begriffe
Gruppe1:	*Automatische+Rechtschreibprüfung*
Gruppe2:	*Speichern+Unter, Alle+speichern, Drucken, Druckvorschau, Speichern, Löschen*
Gruppe3:	*Hilfethemen, Rückwärts+suchen, Gehe+zu, Einstellungen, Suchen, Ersetzen*
Gruppe4:	*Alle+schließen, Rückgängig, Wiederherstellen, Neu, Online+Hilfe, Beenden, Schließen, Öffnen*
Gruppe5:	*Alles+markieren, Info, Nächstes+Dokument, Fehler+melden, Seite+einrichten, Vorheriges+Dokument, Sprache+festlegen*
Gruppe6:	*Ausschneiden, Rechtschreibung+prüfen, Einfügen, Kopieren, Weitersuchen*

Recall: 28,43%, Precision: 32,58% , F-Measure: **30,37%**

Tabelle A.2: Bestes Ergebnis Set2, Altavista mit NEAR-Operator + psychologische Assoziationsformel

	Begriffe
Gruppe1:	*Überraschungseier, Reklame, Geräte, Werbeartikel, Disneyana, Werbung*
Gruppe2:	*Video-Spiele, Sachbücher, PC-Spiele, Onlinespiele, Konsolen, Büromöbel, Bürotechnik, Ratgeber, Technik*
Gruppe3:	*Geschenkartikel, Technischer+Zeichenbedarf, Taschen, Versandmaterialien, Accessoires, Präsentationsbedarf, Papierwaren, Koffer, Schulbedarf, Schreibwaren*
Gruppe4:	*Auto+Ersatzteile, Auto+Reparaturteile, Auto-Anbau, Fahrzeugteile, Kfz-Reparaturen, Kfz-Services, Autoreifen, Felgen*
Gruppe5:	*Teichsysteme, Pavillons, Bachlaufsysteme, Gartenkleidung, Bewässern, Sonnenschutz, Partyzelte*
Recall: 48,31%, Precision: 68,97% , F-Measure: **56,82%**	

Tabelle A.3: Bestes Ergebnis Set3, Altavista mit NEAR-Operator + psychologische Assoziationsformel

A.2 Ergebnisse des Vergleichs im Detail

	Asso.Maß	Set1 (Alltag)			Set2 (Menü)			Set3 (Zufall)		
		PAF	Mutual	LLR	PAF	Mutual	LLR	PAF	Mutual	LLR
Google\Bing	Recall	–	–	–	–	–	–	–	–	–
	Precision	–	–	–	–	–	–	–	–	–
	F-Measure	–	–	–	–	–	–	–	–	–
Altavista	Recall	73,08%	80,77%	57,69%	24,51%	19,61%	19,61%	42,03%	36,71%	36,71%
	Precision	74,51%	54,55%	49,18%	31,65%	24,10%	24,69%	54,72%	52,05%	51,01%
	F-Measure	73,79%	65,12%	53,10%	27,62%	21,62%	21,86%	47,54%	43,06%	42,70%
Altavista (NEAR)	Recall	80,37%	69,23%	40,38%	28,43%	49,02%	17,65%	48,31%	72,46%	39,13%
	Precision	78,18%	35,64%	31,34%	32,58%	17,79%	18,18%	68,97%	44,91%	44,75%
	F-Measure	82,69%	47,06%	35,29%	30,37%	26,11%	17,91%	56,82%	55,45%	41,75%
Exalead	Recall	46,15%	63,46%	50,00%	20,59%	18,63%	28,43%	26,57%	31,40%	29,95%
	Precision	44,44%	60,00%	47,27%	26,58%	21,59%	34,94%	38,19%	43,62%	39,49%
	F-Measure	45,28%	61,68%	48,60%	23,20%	20,00%	31,35%	31,34%	36,52%	34,07%
Exalead (NEAR)	Recall	80,77%	78,85%	75,00%	27,45%	25,49%	30,39%	65,70%	81,64%	68,12%
	Precision	75,00%	69,49%	63,93%	30,11%	26,26%	29,25%	35,79%	26,83%	43,52%
	F-Measure	77,78%	73,87%	69,03%	28,72%	25,87%	29,81%	46,34%	40,38%	53,11%
DWDS	Recall	100,00%	84,62%	100,00%	–	–	–	–	–	–
	Precision	100,00%	84,62%	100,00%	–	–	–	–	–	–
	F-Measure	100,00%	84,62%	100,00%	–	–	–	–	–	–

Tabelle A.4: Ergebnisse aller Webressourcen mit allen Assoziationsmaßen. PAF = psychologische Assoziationsformel, Mutual = Mutual Information, LLR = Log Likelihood Ration Test

	Asso.Maß	Set1 (Alltag)			Set2 (Menü)			Set3 (Zufall)		
		PAF	Mutual	LLR	PAF	Mutual	LLR	PAF	Mutual	LLR
Altavista (NEAR)	Recall	40,38%	25,00%	19,23%	23,53%	22,55%	26,47%	48,31%	20,77%	24,15%
	Precision	38,18%	23,64%	17,54%	30,77%	29,49%	21,09%	64,10%	28,29%	32,05%
	F-Measure	39,25%	24,30%	18,35%	26,67%	25,56%	23,48%	55,10%	23,96%	27,55%
Exalead (NEAR)	Recall	53,85%	15,38%	57,69%	24,51%	21,57%	19,61%	31,88%	25,60%	31,88%
	Precision	51,85%	15,69%	54,55%	32,89%	26,83%	26,32%	43,14%	34,64%	42,31%
	F-Measure	52,83%	15,53%	56,07%	28,09%	23,91%	22,47%	36,67%	29,44%	36,36%
DWDS	Recall	57,69%	51,92%	50,00%	—	—	—	—	—	—
	Precision	55,56%	49,09%	50,98%	—	—	—	—	—	—
	F-Measure	56,60%	50,47%	50,49%	—	—	—	—	—	—

Tabelle A.5: Ergebnisse Ähnlichkeitsberechnung, PAF = psychologische Assoziationsformel, Mutual = Mutual Information, LLR = Log Likelihood Ration Test

Abbildungsverzeichnis

Literaturverzeichnis

[Agirre et al., 2000] Agirre, E., Ansa, O., Hovy, E., und Martínez, D. (2000). Enriching very large ontologies using the WWW. In *in Proceedings of the Ontology Learning Workshop*.

[Cheng et al., 2004] Cheng, P.-J., Pan, Y.-C., Lu, W.-H., und Chien, L.-F. (2004). Creating multilingual translation lexicons with regional variations using web corpora. In *ACL '04: Proceedings of the 42nd Annual Meeting on Association for Computational Linguistics*, page 534, Morristown, NJ, USA. Association for Computational Linguistics.

[Church und Hanks, 1989] Church, K. W. und Hanks, P. (1989). Word association norms, mutual information, and lexicography. In *Proceedings of the 27th annual meeting on Association for Computational Linguistics*, pages 76–83, Morristown, NJ, USA. Association for Computational Linguistics.

[Davies, 1996] Davies, R. (1996). Hierarchical Card Sorting: A Tool for Qualitative Research. http://www.mande.co.uk/docs/hierarch.htm.

[Dunning, 1993] Dunning, T. (1993). Accurate methods for the statistics of surprise and coincidence. *Computational Linguistics*, 19(1):61–74.

[Fano, 1961] Fano, R. (1961). *Transmission of Information*. The MIT Press, Cambridge, MA.

[Fletcher, 2004] Fletcher, W. H. (2004). Making the web more useful as a source for linguistic corpora. In *Corpus Linguistics in North America*, pages 191–205. Rodopi.

[Heyer et al., 2006] Heyer, G., Quasthoff, U., und Wittig, T. (2006). *Text Mining: Wissensrohstoff Text. Konzepte, Algorithmen, Ergebnisse*. W3l.

[Huang et al., 2004] Huang, C., Chuang, S., und Chien, L. (2004). Categorizing unknown text segments for information extraction using a search result mining approach. In *In Proc. IJCNLP 2004*, pages 576–586.

[Keller und Lapata, 2003] Keller, F. und Lapata, M. (2003). Using the Web to Obtain Frequencies for Unseen Bigrams. *Computational Linguistics*, 29:459–484.

[Manning und Schütze, 1999] Manning, C. D. und Schütze, H. (1999). *Foundations of Statistical Natural Language Processing*. The MIT Press.

[Marx, 2009] Marx, D. (2009). Prototypische Anwendung von Cardsorting zur Strukturierung der Stichwortsuche in einer Social Bookmarking-Plattform. Bachelorarbeit, Universität Paderborn.

[Maurer und Warfel, 2004] Maurer, D. und Warfel, T. (2004). Card sorting: a definitive guide. *Boxes and Arrows (Apr)*, (7):1937.

[Rapp, 1996] Rapp, R. (1996). *Die Berechnung von Assoziationen: ein korpuslinguistischer Ansatz*. Olms, Hildesheim.

[Rapp, 1999] Rapp, R. (1999). Automatic identification of word translations from unrelated English and German corpora. In *Proceedings of the 37th annual meeting of the Association for Computational Linguistics on Computational Linguistics*, pages 519–526, Morristown, NJ, USA. Association for Computational Linguistics.

[Rapp, 1992] Rapp, Reinhard, W. M. (1992). Wie mit Hilfe des Assoziationsgesetzes freie Wortassoziationen vorhergesagt werden können. In *Tagungsband der 34. Tagung experimentell arbeitender Psychologen*. Osnabrück, 401.

[Scherer, 2006] Scherer, C. (2006). *Korpuslinguistik*. Universitätsverlag Winter, Heidelberg.

[Schütz, 2005] Schütz, Astrid, S. H. L. S. (2005). *Psychologie: Eine Einführung in ihre Grundlagen und Anwendungsfelder*. Kohlhammer.

[Turney, 2004] Turney, P. (2004). Word Sense Disambiguation by Web Mining for Word Co-occurrence Probabilities.

[Vaughan, 2006] Vaughan, L. (2006). Visualizing linguistic and cultural differences using Web co-link data: Research Articles. *J. Am. Soc. Inf. Sci. Technol.*, 57(9):1178–1193.

[Vdovkin, 2008] Vdovkin, A. (2008). Entwicklung einer webbasierten Card-Sorting-Applikation. Bachelorarbeit, Universität Paderborn.

[Wettler, 2004] Wettler, M. (2004). *Psychologische Theorien sind Information-Retrieval-Verfahren*, pages 23–33. UVK Verlagsgesellschaft mbH, Konstanz.

[Wettler et al., 1993] Wettler, M., Ferber, R., Rapp, R., und Hagen, B. (1993). Associative lexical nets. In *Abstracts of the International Conference on the Psychology of Language and Communication*, Glasgow, Scotland.

[Wettler und Rapp, 1993] Wettler, M. und Rapp, R. (1993). Computation of Word Associations Based on the Co-Occurrences of Words in Large Corpora. In *In Proceedings of the 1 st Workshop on Very Large Corpora: Academic and Industrial Perspectives*, pages 84–93.

[Yang und Liu, 1999] Yang, Y. und Liu, X. (1999). A Re-Examination of Text Categorization Methods. In *SIGIR '99: Proceedings of the 22nd annual international ACM SIGIR conference on Research and development in information retrieval*, pages 42–49. ACM Press.

www.ingramcontent.com/pod-product-compliance
Lightning Source LLC
La Vergne TN
LVHW042301060326
832902LV00009B/1187